自分を守るクエスト

① スクール編

すずき出版

プロローグ

今これを読んでくれているきみは、
どんな気持ちでこの本を手にとってくれたんだろう。
ただ目にとまっただけかもしれないし、
もしかしたら、なにかとてもつらいことがあるのかもしれない。
いずれにしても、まずはこの本をひらいてくれて、どうもありがとう。
はじめまして。ぼくは、秋葉原というまちで
心のお医者さんをしている「ゆうすけ」といいます。

どうしようもなく苦しいことや、つらいことがあったとき、
ぼくたちはどうやって自分の心を守ったらいいのだろう。
そう考えたときに、ぼくは「ゲーム」の考え方がヒントになると思った。

生きることはゲームに似ているところがあると思う。
ピンチがたくさんあるけど、自分のチカラをレベルアップさせて
戦ったり、にげたり、大切なものを探しながら、乗り越えてゴールをめざしていく。

そんなふうに、きみたちがピンチのときに、役に立つかもしれない考え方や、
知っておいてほしいことを書いたこの本を
『自分を守るクエスト』と名づけようと思った。

クエストとは「冒険」という意味だ。
楽しいことばかりではなく、いやなこともいっぱいある。
苦しいことやむずかしいことがありすぎると、
「もう先に進めない」と思ったり、旅に出ることをやめたくなってしまうかもしれない。
ゲームのクエストがむずかしすぎるときは、
そこで一度自分の「レベルあげ」をして、もう一度挑戦したりする。
では、「生きる」というクエストがむずかしくなったとき、
どんなことのレベルをあげたらいいのかと考えたら、
つぎの４つが必要なんじゃないかと思った。

1 「はなす」 ▶ 自分の考えや気持ちをだれかに伝えるためのチカラ

2 「たよる」 ▶ 信頼できる人を見きわめて、その人に助けてもらうチカラ

3 「ちしき」 ▶ 自分の心をらくにするために必要な考え方や知識を学ぶチカラ

4 「にげる」 ▶ 自分の心や命を守るために、キケンからにげるチカラ

これらのチカラをレベルアップさせると、いろんなピンチに耐えられるようになる。
最初はレベルが低くてもいい。
どれも必要なときに使っていくことで少しずつ成長していくものだし、
そうすることで生きるための能力が大きくあがっていく。
ひとつのチカラだけで切り抜けていくことがむずかしいときもあるから、
できたら 4つのチカラ をバランスよく伸ばしていってほしい。
とくに「にげる」ことと「たよる」ことは、
自分だけではどうしようもないときに、どうしても必要になってくるから。

この本では、いろんなこまったシーンを紹介して、そういうときに
「どうしたらいいか」を問いかける内容になっている。
まずは自分ならどうするかを考えてえらんでみて。
そのつぎに、ぼくならどれをえらぶか書いておくよ。
問題に正しく答えられるかは、あまり大事なことじゃない。
この本で書いていることは、あくまでもぼくの考えなので、
きみにとっては合わないかもしれない。
「合わないな」「ちがうな」と思ったら、受けいれないことも大切なことだと思う。
それでも、きみがなにかを考えるきっかけになったり、
きみがかかえているむずかしいクエストのヒントになってくれたら、すごくうれしい。

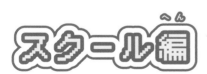

1巻では、学校での「クエスト」をあつかっていく。多くの人がひとつの場所ですごすと、めんどうなことが起きたり、人間のいやなところが出てしまうことがある。学校っていうのは、人によってはとてもつらい場所になることもある。でも、学校で「学べること」は、勉強の知識だけじゃなくて、きっときみが生き続けていくうえでとても大事なチカラになる。だから、学校がなるべくつらい場所ではなくなるよう、自分を守る方法を学んでいこう。

もくじ

この本の使い方

この本は最初から順番に読んでもいいし、読みたいページから読んでもいいよ。読みたくないところは読まなくてもいいし、もし読んでいてつらくなったら読むのをやめても大丈夫だよ。

❶ ピンチのシーンを
設定しているよ！

❷ きみならどう
行動するかな？

❸ ゆうすけ先生が
えらぶ行動を
しめすよ！

❹ ゆうすけ先生がすすめる
入力コマンド（選択肢）だよ！

❺ 入力コマンドのアクションを
具体的にしめしたよ！

❻ 「ぼうけんのスキルカード」や
「心をかるくするヒント」などのコーナーだよ

❼ さらにレベルをアップする
ためのヒントだよ！

クエストとは……
ピンチに立ち向かう
冒険のことなんだ！

HPとは……
「ヒットポイント」の略で、
今の体力を表すよ。

自分を守るクエスト

PART 1

さわらないで
ほしい

いっしょが
つらい

いじめ……

ケンカ
しちゃった

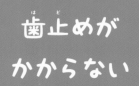
歯止めが
かからない

友だちとケンカしちゃった！

もう一生なにも貸してやらないからな！どろぼう！

ぐいっ

しつこいなー。はなせよ、ケチ！さわるなよ！

仲よしの友だちが貸した本を返してくれない。何度も「返して」といっていたら、「ケチだな」と文句をいわれて、そこからケンカになっちゃった。

アイツ、どろぼうだぞ。

☞ **1** 相手の悪口をいいふらす

☞ **2** 友だちとの関係について見直してみる

もう絶交だ！

☞ **3** すぐに絶交する

☞ はなす
たよる
ちしき
にげる

ぼくならこれをえらぶ！ ☞ **2** 友だちとの関係について見直してみる

自分は友だちとどうなりたい？

　ケンカって心が苦しくなるから、できればしたくないよね。でも、「きみの持ちものを返してくれない」ことは、明らかに相手に落ち度があることだから、まずは返してもらおう。仲が悪くなっていることと、ものの貸し借りはべつの話だから、そのままにはしないほうがいい。その話がすんだら、気分が落ちついたところで、その子とこれからも友だちでいたいかどうかを考えてみよう。もし、「もう友だち

じゃなくていい」と思ったなら、無理して仲よくしたり仲直りしなくてもいいし、ちょっと距離をおいてもいいと思う。でも、これからも友だちでいたいと思うなら、仲直りできる方法を考えてみよう。ただ、仲直りするために本当はいやだったことをがまんしてだまっていたりすると、「対等な関係」ではなくなってしまうかもしれない。もし、友だちとして直してほしいと思うところがあるなら、それは勇気を出して伝えてみよう。

たとえ、いいあらそいになったとしても、

そのあとの話し合いで元どおりになったり、前よりもっと仲よくなることもある。そんな経験を積んでいくと、「はなす」レベルがどんどんアップする。心が強くなって、自分を守りやすくなっていくよ。

ちょっと伝えにくいことを伝える方法としては「アイ（Ｉ＝わたしは）・メッセージ」というワザが使えるよ。それは、相手にお願いするときに、「自分の気持ち」を中心に伝える方法だ。「あなたのここがいやだから、やめて」というふうに「あなた」を中心にしたいい方だと、いわれた相手は責められているように感じて、肝心のきみの気持ちを受け止めにくくなってしまう。「そんなことをされると、わたしが苦しくなっちゃうんだ」というように、きみの気持ちを中心にして伝えると、うまく伝わる確率がアップするはず。

ぼうけんのスキルカード

心のてんびん

いやなことをされたりして、相手に対してもやもやした気持ちが出てきたとき、心に「てんびん」をおいて、相手との関係が対等かどうかをチェックしてみよう。

はなす レベルが あがった ▼

レベルアップヒント

「いい友だち」ってなんだろう①

仲がいいということも大事だけど、「対等な関係」であるってことが大事なんじゃないかと思う。おたがいの気持ちを思いやれていて、でもいいたいことがいい合える関係というのは、とっても貴重なもの。友だちがいっぱいいることよりも、対等な関係の「いい友だち」がひとりいることのほうが、大切なのかもしれないね。

SCENE シーン 2 親友だからいつもいっしょ、ぜんぶ同じは正直つらい

う、うん……。

今日の放課後はどうするー？

いっしょにトイレ行こう～！そのあと、校庭行こうね。

親友とは休み時間も放課後もいつでもいっしょ。持ちものや係、委員会もなんでもいっしょがいいといわれて、合わせている。だけど正直つらい。自分の好きにしたいこともあるのにな。

ずーっといっしょね♪

うん。

あのね……。

いいかげんにして！もう絶交だよ！

☞ ① きらわれたくないのでがまんする

☞ ② じょうずに伝える努力をする

☞ ③ いきなり絶交する

ぼくならこれをえらぶ！ ☞ ② じょうずに伝える努力をする

☞ はなす
たよる
ちしき
にげる

「同じ」がつらい人も、「ちがう」が不安な人もいる

あたりまえだけど、人はみんなちがう。もし自分だけがみんなと大きくちがうと、すごく不安な気持ちになるよね。でも、だれかと「同じ」部分を見つけたら、すごくほっとするだろう。人は、ほかの人と「同じ」であることに、安心を感じるものなんだ。だから、もしかしたら、その子は親友であるきみと、ちょっとでも「ちがう」ってことが、すごく不安なのかもしれない。大人でも、そういう人はけっこういる。

「ちがう」ってことを受けいれるのは、それなりに心の強さが必要なんだ。

ぜんぶ同じが苦しいのは、自由がうばわれているような気持ちになるからじゃないかな。その苦しいという気持ちは、とても大事なことだから、いやなことは勇気を出して伝えてみるのがいい。

でも、相手はとっても不安なのかもしれないから、「あなたのことがいやなわけじゃないし、いい友だちでいたい」という気持ちも

> みくちゃんのことは好きだよ。でもぜんぶいっしょはいやなの。

合わせて伝えてあげられると、受け止めてもらいやすくなると思う。

大切なのは「対立をおそれないでほしい」ってことだ。対立というのは、意見や立場がちがうことをぶつけ合うことだ。人と対立するのは、めんどくさいし、とてもつかれる。それに、相手が大事な人であるほど、きらわれたくないから、対立するのはこわいだろう。だから、本当はちがう意見なのに、つい合わせようとしてしまうんじゃないかと思う。でも、相手が大事な人ならよけいに、気持ちがずれていくのをほうっておかないほうがいいと思うんだ。いわないでがまんし続けていると、どんどん相手に対するいやな気持ちが大きくなってしまう。大事な人をきらいになってしまうのは、つらいことだと思うんだ。

ぼうけんのスキルカード

もやっとスキャン

だれかに対して「なんかいやだな」と思ったときに、胸のおくにもやもやしたものを感じると思う。そんなときは、具体的に相手のどんな行動が、なぜいやなのかを考えて、つきとめてみよう。ストレスのもとになることがわかっていると、話し合いもしやすくなるよ。

はなす レベルが あがった ▼

レベルアップヒント

「いい友だち」ってなんだろう②

> 今日はひとりで本を読むね。

> じゃあ、ほかの子と遊んでくる～!

いい友だちっていうのは、おたがいに「自由」がある関係だとぼくは思っている。

相手のことをしばりつけずに、だれと遊んでもいい。でも、おたがいに自分らしくいられて、そのままで受けいれ合える友だちは、すごく安心するよね。自分も相手もらくでいるために、自由であることをみとめられる。そういう「思いやり」としての自由があると思うんだ。

SCENE シーン 3

友だちがじゃれて体をさわってくるのが本当はいや

うわっ!

カンチョー!

あはは♪

友だちがふざけてカンチョーしてきたり、股間をさわってきたりするのが本当は苦手。だけど、まわりの友だちも笑ってじゃれ合っているので、いやだとはいいにくくてがまんしている。

あはは。

あはは。

☞ 1 遊びだから仕方ないとがまんする

やめて。

☞ 2 やめてほしいことを伝える

ただの遊び。いっしょに楽しむべき。自分が悪い。

☞ 3 自分が悪いと反省する

はなす
たよる
☞ ちしき
にげる

ぼくならこれをえらぶ! ☞ 2 やめてほしいことを伝える

自分にとって、心地よい距離を守ろう

きみがされて「いやだ」と感じることが、友だちはそこまでいやではないってことがある。逆に、きみが「大丈夫」と感じることが、ほかの人はいやだってこともある。それはなぜだろう。

すべての人が「いやなこと」と「大丈夫なこと」を分ける線のようなものをもっている。これを「境界線」という。自分を守るための見えないバリアのようなものだ。

10

大事なのは、バリアの大きさや形は人によってぜんぜんちがうってことだ。

たとえば、ほかの人の食べかけのものがいやな人もいれば、あまり気にしない人もいるよね。バリアの大きさは、相手によっても変わる。家族やペットのネコは近い距離にいてもいいけど、あまり話したことのない友だちは距離が近づきすぎると落ちつかない、っていうこともあるだろう。

自分では大丈夫と思っていることが、相手にとっては大丈夫じゃないことがある、というのはあたりまえのことで、おたがいさまだ。だから、おたがいの境界線を守る、というのは、人間が集団で生きていくうえでとても大事なルールになっているんだ。

もし相手の境界線がわからなかったら、「そのジュース、ひと口もらってもいい?」「うで組んでもいい?」と前もって確認しよう。

とくに、体の境界線は大事だ。境界線を越えてその人の体にふれるということは、なぐったりけったりしていなくても「暴力」になるんだ、ということは知っておいてほしい。その中でも、「くちびる」と、「水着でかくれるところ(プライベートゾーン)」は、絶対に守られるべき場所だ。きみがいやがっているにもかかわらず、ほかの人がその場所にふれるということは、「暴力」の中でもとくにき

境界線は人それぞれ

みの心を深く傷つける。いつもひときわ強いバリアをはっておいてほしい。

境界線を守るために必要なのは、それがいやかどうかをきみ自身が判断して、しっかり伝えることだ。空気をこわすかもしれないと考えて、なかなかいいにくいと思うときもあるかもしれない。でも、いやなものをいやだと伝えられることは、きみを守るチカラになる。少しずつそのチカラを育てていこう。

ちしき レベルが あがった ▼

レベルアップヒント

自分のバリアをきちんとしめそう!

きらわれたくないから、仲がいい友だちに「いや」ということは、むずかしいことかもしれないね。でも、いやだということは、その友だちそのものを拒絶したり否定したりすることとはまったくちがう。その子のことは好きでも、その子の「すること(行動)」がいやということはけっこうある。だから、友だちの行動に対して「いやだ」というのを伝えることは、悪いことじゃない。むしろ、仲がいい子であるほど、大切なことかもしれないね。

仲がよくてもそれはいやなんだ!

11

いじめを見かけてしまった！

また なくなってる！

かくしちゃおうぜ！

コソ コソ

クラスメイトがほかの子のものをかくしている現場を見てしまった。先生にいうとチクったといわれそうでこわい。でも、だまっているのもすごくつらいんだ。どうしよう……。

なにも、

見てない。ぼくは。

うん。

見たよね？どうにかしたくない？

☞ ① 見なかったことにする

☞ ② ひとまずようすを見る

☞ ③ 先生へ報告しに行く

はなす
☞ たよる
　 ちしき
　 にげる

ぼくならこれをえらぶ！ ☞ ③ 先生へ報告しに行く

いじめを「いやだ」と感じる人は、きみのほかにもいる

　まず知っておいてほしいのは、いじめを見てしまったということは、きみが思っているよりもきみの心を深く傷つけているということだ。そのことがあまりにつらいから、そのうち「あれが、あたりまえなんだ」と思いこむようになる。「見て見ぬフリ」をするようになるのは、自分の心を守るためでもあるんだ。

　そして、じつはいじめを見ている人のほとんどは、いじめが起こっていること

を内心「いやだ」と思っている、ということも知っておいてほしい。「やめてほしい」と思っているのは、おそらくきみだけじゃない。同じように、心を痛めている子がいるはずだから、そういう子を探して、まずはつらい気持ちをいい合える仲間になってみるのはどうかな。そして、仲間といっしょに、先生に助けを求めに行くなどの行動をとってみよう。

ぼうかんしゃ（傍観者）

いじめる側、いじめられる側ではなく、いじめを見ている子たちのこと。

いじめをやめさせようとするとき、ぼうかんしゃのとる行動がいちばん大きなカギになる。

もし、いじめについてだれかに直接話す勇気がなかったとしても、できることはある。きみの名前を伝えなくても、「クラスにいじめが起こっている」「見ていてとてもつらい」というメッセージを、たとえば手紙やメールという形で、きみが信頼できる大人や先生に伝えるという方法もある。できれば、担任の先生だけじゃなくて、保健室の先生や校長先生など、教室の外にも助けを求めるのがいいと思う。きみの心を守るためにも、どうか「だまる」ことはしないでほしいんだ。

たよる　レベルが　あがった ▼

ぼうかんしゃからプレイヤーになろう！

ぼうかんしゃがなにもしないでいると、いじめはどんどんひどくなる。もはやぼうかんしゃではいられなくなって、いじめる側に回らざるを得なくなるかもしれない。そういう体験を、ものすごく後悔している大人もいる。そうなる前に、まずは「賛成じゃない」という気持ちを守れるように、仲間をふやそう。ひとりで立ち向かわなくてもいいんだ。ぼうかんしゃがほんの少し行動するだけで、いじめを止めるプレイヤーになれる。それで、クラスの雰囲気が変えられることはあるよ。

☞ ① いじめられる自分が
悪いのでがまんする

☞ ② 信頼できる人に
相談する

☞ ③ 学校を休むことも
考える

ぼくならこれをえらぶ！ ☞ ② 信頼できる人に相談する

☞ ③ 学校を休むことも考える

はなす
☞ たよる
☞ ちしき
☞ にげる

「いじめレベル」があがる前に行動しよう

　まずはきみが受けているのが、「いじめ」なのか、それとも「いじり」や「悪ふざけ」なのか、きみ自身がわからないと、どうしたらいいかわからなくなるかもしれない。

　でも、たとえ相手がどれだけ「ただのいじりだ」といいわけしても関係ない。

自分がされていることがいじめかどうかを決めていいのは、きみだけだ。そして、きみにはいじめを徹底的に拒絶する権利がある。なぜなら、いじめといわれる行動の多くは、学校の外で同じようなことをすると「犯罪」と見なされるレベルの暴力になるからだ。だから、まずは「にげる」ことが大事だ。

もうひとつ覚えていてほしいのは、いじめというのは、病気のように「進行」するものだということ。ひどさのレベルがあがるんだ。少しずつ、きみからいろんなチカラをうばっていく。気がついたら、抵抗するチカラすら残っていない、ということになりかねない。だから、なるべく早いうちに気づいて、行動することが大事だ。

きみはいじめを受けていることを「はずかしい」と思うかもしれない。

もしだれかに話したら「その人をこまらせてしまうかも」とか、「もっとひどいことをされるかも」と思うかもしれない。

いやなことをいいじられる

ムシされる

ものをかくされる

クラス中から悪口をいわれる

いじめられる人は✕

はずかしい

スパーン

思いこみにとらわれないぞ！

話したら

こまらせるかも…

「いじめられる自分のほうにも、問題があるのかな」という気持ちにさせようとする。そうすると、だれにもいえなくなって、ますます進行していく。それが「いじめ」のねらいだ。だから、なによりも大事なのはきみが「だまらない」ことだ。

いじめは、教室全体でかかる病気のようなものだ。インフルエンザとかと同じで、「密室」が大好きな病気だ。だから、きみやまわりの人がいじめのことを教室の外の人にいえないでいると、きみだけじゃなく、ほかの人も巻きこんで病気はどんどん進んでいく。死んでしまう人が出ることもめずらしくない、おそろしい病気だ。それは絶対にきみのせいではないし、担任の先生でもどうしようもないこともある。そんな教室全体のことだから、教室の外に助けを求める必要があるんだ。

風通しがいい教室では、いじめという病気は生きられない。

　必要なのは、きみがされていることを勇気を出してだれかに話すことだ。そのだれかはだれでもいい。担任の先生に話しにくかったら、前の担任やほかのクラスの先生、校長先生でもいい。とにかく、きみがいちばん話しかけやすい人に「たよる」ことをやってみてほしい。

　もしうまく話せそうにないなら、きみがいつ、だれにどんなことをされたかをメモしておいてほしい。そのメモは、「密室」をやぶるのに、とても大きなチカラをもつ。

　家族にも先生にもたよれそうにないなら、あとで教える電話番号（→ 40 ページ）や、おまわりさんでもいい。

　いじめは、きみを「世界でひとりぼっちだ」という気持ちにさせるだろう。でも、いじめ

という病気に苦しんでいるのは、けっしてきみひとりではない。同じように苦しんでいる人や苦しんでいた人が少なくとも何十万人もいる。その人たちの声や意見をインターネットで聞いたり調べたりすることもできる。その声もきみの助けになるかもしれないから、おすすめのサイト（→ 40 ページ）をのせておくね。

たよる　レベルが　あがった　▼
ちしき　レベルが　あがった　▼
にげる　レベルが　あがった　▼

「にげる」勇気をもってほしい

きみは「にげる」ことについて、どう思うかな。

にげるのは、よくないこと、かっこ悪いことだと思っている人がいるかもしれない。

じつはぼくも、いやなことや、めんどくさいことからは、けっこうにげてきたんだ。

それで、わかったことがある。人は、にげることでも、成長できるんだ。

ゲームだと、敵からにげると経験値が得られなくて、成長できないことが多い。でも、ぼくの好きな『ロマンシング サ・ガ』というゲームはちがう。にげることで、「すばやさ」があがるんだ。

ぼくも同じように、いやなことからにげ続けたおかげで「この人はキケンだな」「これはめんどくさそうだから、近づかないほうがいいな」と気づく感覚がレベルアップした。その「センサー」は、今のぼくの生活や命を守るのに、とても役に立っている。

にげることができるというのは、とてもすごいことなんだ。敵がどんなに強くても、問題がどんなに大きくても、にげることができれば、生きのびることができる。

キケンを感じたときに、いち早くにげる判断ができるということは、クエストのプレイヤーとして、とてもすぐれている。

そして、にげるというのは、とてもむずかしいことでもあるんだ。敵の強さや、自分がどれだけピンチなのかを、自分で判断しなきゃいけない。

それに、にげた先でどうなってしまうのかわからないから、すごく勇気がいることでもある。むずかしいからこそ、レベルアップさせる必要があるんだ。

最初に、「はなす」「たよる」「ちしき」「にげる」の４つのチカラが大事だよ、っていったけど、ぼくがきみにいちばん身につけてほしいのは、「にげる」チカラだと思っている。

「にげる」チカラさえあれば、なんとかなる。何度でもやり直しがきくんだ。

「にげる」がないゲームなんて、クソゲーだ。きみのクエストに、「にげる」という選択肢は、かならず残されている。

どうかそれを、忘れないでいてほしいんだ。

いじめにはタイプがある

いじめには「暴力系」と「コミュニケーションそうさ系（コミュ系）」のふたつがある。

暴力系は、なぐったり、けったり、お金をとったりする、「直接こうげき系」だ。

直接こうげき系	間接こうげき系
体ダメージ 90	体ダメージ 60
心ダメージ 70	心ダメージ 90

コミュ系は、ムシする、ハブる、いやなうわさを流す、いやなあだ名をつける、ものをかくすなど、直接こうげきをせず、コミュニケーションでいやがらせをする、「間接こうげき系」だ。

どちらも心にダメージを与えることには変わりはないけど、コミュ系のほうがまわりの大人に気づかれにくく、ひっそりと進行しやすいから注意が必要だ。ずるいいじめっ子ほど、自分がいじめているとほかの人にバレないように、コミュ系のいじめをすることが多い。コミュ系のいじめに対抗するには、「されたことのメモ」が役に立つ。

ちょっとひといき ゆうすけ先生のステータス

この本を書いているぼくがどんな人かを紹介するよ。

プレイヤー名

ゆうすけ

ひとこと

この本を読んでくれて、
本当にありがとう

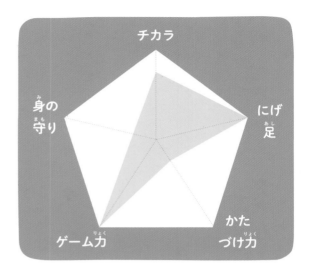

(レーダーチャート: チカラ／にげ足／かたづけ力／ゲーム力／身の守り)

基本データ

タイプ：ほのお／みず

HP：１７０

はなすLv：8

たよるLv：6

ちしきLv：7

にげるLv：１０

職業：心療内科医

特技：ロックダンス／
正拳突き

趣味：「スプラトゥーン」／
オタマトーン

ぼうけんのアイテム

▶ 「ダイの大冒険」
▶ 「ドラゴンクエスト」
▶ 「深夜高速」
　フラワーカンパニーズ
▶ ガブリエルの写真
▶ オレンジのせんぬき
▶ 伊集院さんのラジオ

回復ワザ（コーピング（→33ページ）リスト）

▶ 「スプラトゥーン」をやる
　（プレイ時間3300時間）
▶ ガーベラの花を買ってかざる
　（色はその日の気分）
▶ 近くの神社で深呼吸する
▶ いちごのスムージーをつくる
▶ マキシマム ザ ホルモンの曲をうたう

この本をつくるときにぼくを支えてくれたパーティー（仲間）

▶ ようこ、ありぺい、くぼっち
　（クリニックの仲間）
▶ 編集者のまっちゃん
▶ マンガ家のあやかさん
▶ 小説家のランさん
▶ アーティストのロキさん

18

自分を守るクエスト

PART 2

先生との関係

友だちにきらわれちゃった

じっとしていられない

学校、行くのつらいなあ

更衣室で着替えたくない

SCENE シーン 6
みんなといっしょに 教室で授業を受けるのがつらい

しずかにできないのかよ！

授業中だからね。

小さいころからひとつの場所におとなしくじっとしているのが苦手で、授業がつらい。ちこくや忘れものもすごく多くておこられるし、すぐにカッとなって友だちをたたいたりしてしまう。

つらいけどがまん。つらいけどがまん。つらいけどがまん。

☞ **1** がまんする

どうせできないですよーだ。

☞ **2** できない自分が悪いのであきらめる

本当につらいんです。

☞ **3** 先生や親に相談する

はなす
☞ たよる
☞ ちしき
にげる

ぼくならこれをえらぶ！ ☞ **3** 先生や親に相談する

自分の脳の特徴についてまずは知ろう

集団で行動しなきゃいけないことで、自分のペースを乱されていやだなあと思うのは、だれでも少しはあることだよね。でも、それがとくにつらいと感じるならば、それは「脳の特徴」が影響しているのかもしれない。

たとえば、「忘れものがすごく多かったり、ものをすぐなくす」「席でじっとしていられない」「順番を待ったり、人の話を最後まで聞くのが苦手」ということはな

いかな。こうした特徴が出やすい脳のはたらきをもつ人が、20人にひとりくらいいるといわれているんだけど、もしかするときみもそうかもしれない。

そういう子は、「なんでみんなと同じにできないの？」とおこられたり、すぐケンカになったりして、「自分はだめだ」と思ってしまいやすいのだけど、それはけっしてきみのせいではなくて、きみの脳の特徴と今の環境が合っていないだけかもしれない。

もし教室でメダカを飼おうと思ったら、虫

心をかるくするヒント

ADHD（注意欠如・多動症）

「気が散りやすい（不注意）」「落ちつきがない（多動性）」「やりたい勢いを止められない（衝動性）」といった特徴を強くもった人のこと。うっかりしやすい一方で、ものすごい行動力やアイデアを発揮することもある。

かごではなくて、水槽が必要だよね。それと同じように、自分の特徴をよく理解して、環境を少し変えてあげれば、本来のきみの「秘めたチカラ」が出せるようになるかもしれない。

「自分もそうかも」と思ったら、まずはまわりの大人に相談してみよう。「発達」のことにくわしいお医者さんやカウンセラーさんも力になってくれるはずだ。

| たよる | レベルが | あがった ▼ |
| ちしき | レベルが | あがった ▼ |

レベルアップヒント

いろんな神経発達症

　生まれつきの脳のはたらき方や神経の発達のちがいによって、学校やふだんの生活で求められていることがうまくできなかったりする状態のことを、「神経発達症」とか、「発達障害」といったりするよ。ADHDやASD（→ 23ページ）以外にも、いろいろな種類がある。

学習障害（LD）

　知的な発達には問題がないのに、「読むこと」「書くこと」「計算すること」など、あるひとつの学習行動だけがむずかしくなる状態のこと。

チック

　やろうとしていないのに、すばやい体の動きや声が出てきてしまうこと。顔をしかめる、まばたきや首を左右にふる「運動チック」と、舌打ちやせきばらい、「んー」などの声が出る「音声チック」がある。多くの子どもにあらわれるけど、長く続くことはあまりない。中には、「運動チック」「音声チック」の両方が1年以上続くこともあり、それは「トゥレット症」というよ。

吃音

　なめらかに話すことができない状態のこと。音をくり返したり、音が伸びたり、言葉がうまく出てこなくてなかなか話し出せないといった、さまざまなあらわれ方がある。

SCENE シーン 7　友だちの気持ちがわからない

えっ？

どうしてそんな
いやなこというの？

ひどいよ！
ちゃんと人の気持ち
考えなよ！

自分では気づかないうちに、友だちをおこらせてしまったり、「空気が読めない」といわれてしまったりする。まわりの人から「人の気持ちを考えて」といわれるけど、どうすればいいのかわからない。

せんせい
先生！

☞ ① こまっていることを
　話し、助けてもらう

☞ ② どうしてもわからない
　から友だちをやめる

本を読んで
みよう。

☞ ③ どうにか直せるように
　がんばる

はなす
☞ たよる
☞ ちしき
　にげる

ぼくならこれをえらぶ！ ☞ ① こまっていることを話し、助けてもらう

きみは「こだわりタイプ」かも

　人間どうしがコミュニケーションをとることって、じつはすごくむずかしいことなんだよね。相手の表情とか言葉とか、ものすごく多くの情報を頭の中でやりとりしながら、言葉をえらんだりしている。それってとてもむずかしいことだから、どうしても得意・不得意が出てくるし、学年があがるごとに知っている言葉もふえて、コミュニケーションのむずかしさはどんどんあがっていくんだ。

だから、まずは「むずかしいことをやっている」ということを知っていてほしい。うまくいかないことが多いからといって、自分がだめだと決めつけないでほしい。「はなす」レベルがあがるペースは人によってちがうけど、かならずあがっていくので、自分のペースを大事にしてほしいんだ。

そのうえで、そのむずかしさにもまた「脳の特徴」がかかわっている可能性がある。

たとえば、小さいころから「物音やまぶしさ、においとかが気になりやすい」「決まった順序でやることにこだわりがある」「興味があることとないことの差がはげしい」「みんなと遊ぶよりひとりで遊ぶほうがいい」なんてことはあるかな。そうだとすると、きみは「空気とか人の心を読む」といったコミュニケーションが苦手な「こだわりタイプ」の人なのかもしれない。

ピアノや図エは得意。

人の気持ちをくみとるのは苦手。

もしそうだとしても、それは「悪いこと」ではなくて、ほかの多くの人と「得意なこと」がちがうだけなんだ。きみたちが歴史の勉強で見たような偉人たちの多くも、同じタイプだったといわれているよ。だから、自分の「ちがい」を理解して、早めにまわりの環境と合わせやすくするくふうをしていくことで、つらさをかるくして、いいところを活かしやすくすることができる。それに、相手のこだわりと自分のこだわりがぴったり合ったとき、すごく通じ合う友だちができることもある。だから、自分の好きなものやこだわりは、そのまま大事にしてあげてほしい。まずはまわりの大人に相談してみよう。ほかにも「発達」のことにくわしいお医者さんやカウンセラーさんも力になってくれるはずだよ。

心をかるくするヒント
ASD（自閉スペクトラム障害）

上に書いたような「こだわりタイプ」の強い脳の個性をもっていることを ASD（自閉スペクトラム障害）というよ。自分のタイプを早く知ることが、自分を守ることにつながるよ。

```
たよる  レベルが  あがった ▼
ちしき  レベルが  あがった ▼
```

レベルアップヒント

「ニューロダイバーシティ」って知っている？

ASD や ADHD のように、生まれつき見られる脳のはたらき方のちがいによって、コミュニケーションや気持ちの整理などがうまくいきにくい特徴のことを「神経発達症」とか「発達障害」という、ってことは21ページでいったよね。でも、最近は「みんなができることができない病気」という考え方ではなく、「脳の『個性』のちがいによって、できることや得意なことがちがうだけ」という考え方になってきている。すべての脳にちがいがあって、そのちがいによってものの感じ方がちがうことはあたりまえ。よい脳と悪い脳があるんじゃなくて、ちがいがあるだけだから、そのちがいをみとめて、おたがいにうまく協力していこう、という考え方を「ニューロダイバーシティ」というんだ。きみはどっちの考え方のほうが好きかな？

SCENE シーン 8 更衣室でいっしょに着替えるのがいやだ！

うっ……

あはは。

早く着替えなよ。

体育の時間などに男子といっしょに着替えるのが、なんかいや。前から黒いランドセルがいやで、ちがう色にしてもらったし、男子トイレに行くのもはずかしい感じがする。文房具とかも本当はピンクのものが好き。だけど、変な人だと思われたくないし、まわりの子とちがう自分がすごくいやなので、だれにもいえず、体育は見学ばかりしている。

いやだけど。

☞ ① 「性のこと」についての知識をふやす

☞ ② なんとかがまんしていっしょに着替える

ゴシゴシ

☞ ③ ひとりでこっそりトイレで着替える

はなす
たよる
☞ ちしき
にげる

ぼくならこれをえらぶ！ ☞ ① 「性のこと」についての知識をふやす

いろいろな性があるんだよ

　みんなにとって「あたりまえ」のことが、きみにとっていやだったり変な感じだったりすると、「どうしよう、自分だけおかしいのかな？」とつらくなってしまうだろう。もし自分が「男」「女」とはっきりと分けられることに対して「おかしいな」と感じているとしたら、その気持ちは大事にとっておいてほしい。

　まずは、「性」について変に感じるときや、つらくなるときを整理してみよう。

例

- 同じクラスの子が、白くて女の子の体みたいだってからかってくるのがすごくいや

- 理由はよくわからないけど、男の子っぽい服を着るのがすごくはずかしい

- 体は男の子だけど、女の子の気持ちのほうがよくわかるし、いっしょにいてらく

ぼうけんのアイテム

【小学校高学年版】
いろいろな性ってなんだろう？
認定NPO法人ReBit

https://www.youtube.com/
watch?v=yZbFs_GXTYk

小学校高学年向けにいろいろな性について教えてくれる動画。

いろいろな性

① 体の性：体の特徴などによって判断される性

② 心の性：自分で自分をどのような性別だと思うか（性自認）

③ 好きになる性：どの性別を好きになるか（性的指向）

④ 表現する性：服装やしぐさ、言葉づかいなど

その気持ちを人に相談できたらいいけど、きっとそれはとてもこわいことだろう。

じつは、ひとりひとり心や体についての感じ方っていうのはちがっていて、いろいろな分け方があるんだ。

だから、今は自分が「男」なのか、「女」なのか、すぐに決めなくてもいい。その「ちしき」を得ることからはじめよう。きみのつらい気持ちの理由をわかっていくのに役立つはずだ。小学生にもわかる動画やパンフレットもあるから、参考にしてみて。

ちしき　レベルが　あがった ▼

レベルアップヒント　みんななにかの「マイノリティ」

マイノリティとは「少数派（数が少ないほうの人たち）」のこと。数が少ないと、多くの人から理解されにくくて、弱い立場になりやすい。世の中の多くの人は右利きなので、左利きの人がめんどくさい思いをすることがあるよね。

マイノリティの人は、べつにその人たちが悪いわけではないのに、弱い立場になってつらい思いをしやすい、ってことを知っておくのは、すごく大事なことだと思う。それは「やさしくなろうよ」ってこ

とじゃなくて、「自分を守る」ために必要なことだと思っている。なぜなら、ぼくらは人生のどこかで、かならずなにかのマイノリティになるから。マイノリティのことをわかろうとすることは、将来の自分を助けることにつながると思うよ。

SCENE シーン 9　先生に好かれていないようで、つらい

担任の先生は、なんだか自分につめたい気がする。友だちとくらべると、自分は好かれていないのではないかと思えてしまい、つらい。とくに悪いことをしたわけではないんだけど……。

まあ いっか！

☞ ❶「好かれていなくても いいや」と思う

先生〜！

☞ ❷ 気に入られるために 無理して努力する

☞ ❸ 先生と話してみる

☞ はなす
☞ たよる
☞ ちしき
☞ にげる

ぼくならこれをえらぶ！ ☞ ❶「好かれていなくても いいや」と思う
☞ ❸ 先生と話してみる

「合う人」「合わない人」がいてもいい

　もし、先生にきらわれるような心当たりがないのに、「好かれていない」と感じるとしたら、とてもつらいことだよね。もしかして、なにか誤解があるのかもしれないし、きみが「好かれていない気がしていて、つらい」という気持ちを先生に伝える

ことで、態度を変えてくれるかもしれないから、そのことを一度先生に話してみてはどうかな。

でも、そういう気持ちになれないほど、明らかに相手によって態度を変える先生もいるのかもしれないね。正直にいって、ぼくも「合わないなあ」と思った先生はいたよ。

本当のところをいうと、先生だからといって、きみのことをすべてわかってくれる人ばかりではないし、みんなのことを平等にあつかってくれる人ばかりでもない。先生だから正しいというわけではないし、大人がそんなにすごいわけではないんだ。

でも「先生から期待されていない」と感じていると、自分には価値がないんじゃないかと思って、やる気が起きなくなったり、成績が下がっちゃったりすることもある。それはすごくもったいない。

先生との関係はずっと続くわけじゃない。だから、残念だけど、今は「自分とは合わない人」ってことにしてもいいと思う。学校にはほかにもいろんな大人がいる。きみのことを理解してくれようとしたり、話を聞いてくれるほかの先生や大人はいないか、探してみよう。味方になってくれる「たよれる大人」を探すことは、クエストにおいて、ものすごく大切なことだ。

先生、ひみつにしてほしいんだけど……、じつは……。

2組

では、どんな人がきみにとって「合う人」で、どんな人が「合わない人」なんだろう。それをきみが知っていくことは、生きるうえで大きなヒントになるし、きみ自身の「たよる」チカラを大きくレベルアップすることにもつながる。ひとつのヒントになるのは、「その人といっしょにいるときの自分が好きかどうか」だ。たとえ「自分のことが大きらい」という人であっても、「この人といるときは、ちょっとだけマシ」というふうに思える人がいるかもしれない。そういう人は、たぶんきみにとって「合う人」だ。いっしょにいると、きっとプラスの影響を受けると思うよ。

はなす	レベルが	あがった ▼
たよる	レベルが	あがった ▼
にげる	レベルが	あがった ▼

心をかるくするヒント

ゴーレム効果とピグマリオン効果

先生に期待されていない生徒は、本当に成績が下がってしまったという実験結果があるんだ。そういう心のはたらきを「ゴーレム効果」というよ。それとは逆に、先生から「期待しているよ」というメッセージを受けている生徒は、成績があがるというべつの実験もある。それを「ピグマリオン効果」というんだ。

人は、まわりの人の期待の影響を受けやすいものなんだ。だから、せっかくならきみのチカラを信じてくれる大人といっしょにいるようにしたいよね。

いじめたいわけじゃなかったのに、自分を止められない

とくに理由はないけど、なんとなくむかつく子がクラスにいる。いじめはだめなことだとはわかっているけど、かるい気持ちで友だちといっしょにいじめをはじめたら、やめられなくなってしまった。

自分が正しい。 コイツが悪い。

☞ ① いじめられる人が悪いので続ける

どこにかくそうかな～。 やめなよ。

☞ ② だれかが止めてくれるのを待つ

じつは……。

☞ ③ 自分の正直な気持ちを相談してみる

はなす
☞ たよる
　 ちしき
　 にげる

ぼくならこれをえらぶ！ ☞ ③ 自分の正直な気持ちを相談してみる

「支配」ではなく「対等」な関係をめざそう

　ぼくは③が正しいと思う。だれにもいじめられていい理由なんかないし、いじめていい理由もない。きっと、いじめがよくないことだというのはだれもが知っていることだと思う。それでもいじめがなくならない理由のひとつに、人間の中に「他人を支配したい」という欲があるからなんじゃないかな。
　「支配」っていうのは、だれかを自分の思いどおりに動かすことだ。だから、き

みはその子を「支配している」ともいえる。他人を支配するのは、とても気持ちがいいことだ。それに、ほかの人がきみに反抗せずに、思いどおりに動いてくれるのは、安心できる状態でもあるだろう。でも、それはすごくキケンなことでもあるんだ。

もしきみが「支配する」ことでしか人間関係をつくれないとしたら、それはすごく悲しいことだ。つねに自分が強い立場に立って、ほかの人が自分の予想どおりに動いてくれないと安心できない。もしきみが弱い立場に回ったら、その人たちはすぐに離れていってしまうだろう。それどころか、今度はきみがこうげきされる側に回るかもしれない。

人を支配しようとすることは、つねに自分が支配されてしまうキケンと、となり合わせだ。だから、心から安心できる人間関係ではない。するほうからも、されるほうからも、人を本当に信頼するチカラをうばってしまうものだ。

大人でも、ずっとまわりの人を支配しようとしている人がいる。そういう人は、一見強そうに見えていても、どこか不安をかかえていて、自分のそばから人が離れていくことをひどくおそれている。そういう人が本当にしあわせそうなのをぼくは見たことがない。だから、支配することにたよらないでも、人と

今日から
アンタが下よ！

え！

関係をつくれるようになってほしいと思う。きみと「対等」な関係をつくってくれそうな友だちを大事にしてほしい。

本当は、きみ自身も「だめだとわかっている」といっているように、今の状態に息苦しさを感じているのかもしれない。「やめられない空気」ができてしまっていたり、「ここでやめたら、逆にいじめられるかも」と思って、引っこみがつかなくてこまっている子はけっこういる。その気持ちをだれかに相談したり、まわりの人たちのチカラをかりて、やめるための行動をしてみよう。

たよる　レベルが　あがった　▼

レベル
アップ
ヒント
支配の「連鎖」に気づこう

人は人間関係のつくり方を、自分の近くの環境から学んでいくものだ。もし、きみがいじめをしてしまっているとしたら、きみの近くに「支配の関係」があるのかもしれない。もしかしたら、きみ自身やきみの大切な人が、だれかからの暴力やつらい言葉を受けているのかもしれない。そうだとしたら、きみも助けを求めることが必要だ。

車いすの友だちがかわいそうだから、なんでも手伝ってあげていたらきらわれてしまった！

車いすの友だちがかわいそうだから、なんでも手伝ってあげていたら、なんだかきらわれちゃったみたい。どうすればいいの？

え？

もうほうっておいて！

なにかあったらいってね。

いいからいいから！

ちょっと！

☞ ① いやがるのならもう手伝うのをやめる

☞ ② 「いつでも呼んでね」と伝え、そっと見守る

☞ ③ 気にせずやり続ける

はなす
たよる
☞ ちしき
にげる

ぼくならこれをえらぶ！ ☞ ② 「いつでも呼んでね」と伝え、そっと見守る

人として対等につき合える関係になろう

　障がいがあるということは、不便なことかもしれない。でも、「かわいそう」なことなのだろうか？　だれかのことを「かわいそう」「不しあわせ」だと決めつけることは、けっこう自分勝手でキケンな考え方なのかもしれない。それは、相手を「思いやる」こととは、大きくちがうように思う。

　相手のためを思って親切な行動をとろうとする。きっとそこには悪気はないと思う。

でも、自分のチカラでできるかもしれないことを、「助けて」っていってもいないのに、なんでもかんでも助けようとしてくれる人がいたら、どんな気持ちがするだろう。ぼくだったら「いい人だけど、ちょっと息苦しいな」「ひとりでなにもできないと思われているんだろうな」という気持ちになりそうだ。そして、その行動が悪気のない「やさしさ」から来ているものであるからこそ、どう受けとっていいかわからなくなって、悩んでしまうかもしれない。

心配だから、かわいそうだからといって、いろいろと先回りしてやりすぎると、相手の「自由」や「自尊心」をうばってしまうことになりかねない。

人に親切にしてもらうと、「ありがたいな」という感謝の気持ちといっしょに、「申しわけないな」「お返しをしなきゃ」という重たい気持ちもわいてくることがある。相手がいっぱい手伝ってくれるほど、その重たい気持ちは大きくなりやすい。自分だけがずっと助け

てもらっている、っていう状態が続くと、あまり対等な感じがしなくて、居心地が悪いと思ってしまうかもしれない。

自分にできないことがあってこまっているときに、どんなふうにかかわってほしいだろうか。「障がい」があっても、それはそれとして、おたがいが気を使いすぎることなく、人として対等につき合えるような関係だと安心すると思う。

ちしき　レベルが　あがった　▼

「ふつう」ってなんだろう？

よく「ふつうの人」って耳にするけど、ふつうってどういうことなんだろう。障がいがあることは、ふつうじゃないんだろうか。

ここでいう「ふつう」って言葉を、数が多いほうのグループ（多数派）に属しているっていう意味で使っている人は多いかもしれない。目が見える人と、見えない人だったら、見える人のほうがずっと多いから、それが「ふつう」だと感じるかもしれないね。それじゃ、今この世に生きている人のほとんどが「目が見えない」人だったら、それがふつうとなるのかな？

じつは、なにが「障がい」になるかっていうのは、その人のせいではなく、社会のみんなや仕組み、環境によって決められているところがある。むかしは

「目が悪い」ということは「障がい」だったかもしれないけど、メガネやコンタクトレンズができて、そう思わない人がふえてきた。そんなふうに、ひとりひとりがどう思うかや、社会や時代の変化によって、障がいや障がいのとらえ方というのは変わるものなんだ。だから、「障がい」というものについて、ずっと考え続けていてほしいんだ。

そして、自分が「これがふつう」だと思っていたり、「多数派」の立場にいると、見えないことがいっぱいある、って知ることも、すごく大切なことだ。「ふつう」の立場でなにげなく使っている言葉やしている行動に、いやな思いをしたり、こまっていたりする人がいるかもしれない。自分の「ふつう」を見つめ直すことも大切だと思うんだ。

SCENE シーン 12

つらいことはないのに、やる気が出ない

べつに、なにかつらいことがあるわけではない。だけど、なんとなく気分が落ちこんでいて、勉強も学校の行事もやる気が出ない。

うー

☞ **1** なりゆきにまかせて特別なにもしない

☞ **2** 落ちこんでいないことにしてはりきる

☞ **3** ぜんぜんちがう楽しいことをしてみる

はなす
たよる
☞ ちしき
にげる

ぼくならこれをえらぶ！ ☞ **3** ぜんぜんちがう楽しいことをしてみる

自分だけの「回復ワザ」を見つけよう

やる気っていうのは、なかなか自分の思いどおりにならないものだよね。やるべきことがあるのにチカラが出ないことや、とくに心当たりがないのに、やる気が出ないことってけっしてめずらしいことじゃないんだ。

もしかしたら、いろいろとがんばったり考えたりしないといけないことが多すぎて、エネルギーを使いすぎて心がつかれてしまっているのかもしれない。

ゲームのとき、HP がへったら宿屋で休んだり、回復のアイテムや魔法を使ったりするよね。それと同じように、自分のやる気を回復させてあげる方法を自分で見つけよう。
たとえば、好きなものを食べたり、お風呂に入ったり、好きな本を読んだり、実際に体を動かしていろんな行動をとる方法もあるし、落ちこんだときに、お気に入りのアニメのキャラや、好きな言葉を頭の中で思い出すのもいい。
自分だけの方法をなるべくたくさんノートに書いて、いつでも見返せるようにしてみよう。

自分の回復の魔法を知ったぞ！

ちしき　レベルが　あがった ▼

心をかるくするヒント
コーピング

自分のことを助けるためにする行動のことを「コーピング」というよ。
とにかく数がいっぱいあることが大事。

回復
読書　プリン
アニメ　ねる

ぼうけんのアイテム

子どもたちが考えたいろいろなコーピングを見ることができるよ。参考にしてみてね。

こどもが考えた「気持ちを楽にする23のくふう」
国立研究開発法人国立成育医療研究センター【コロナ×こども本部】

https://www.ncchd.go.jp/center/activity/covid19_kodomo/
report/cxc05_coping20210525.pdf

ストレスを感じたときやイライラしたときなどに、どんなことをして気持ちをらくにしているのか、子どもたちが考えたことを紹介しているサイト。

レベルアップヒント
究極の回復魔法「サンシャイン」

「太陽の光（サンシャイン）」と「運動」には、人間の気分をアップさせるチカラがあるんだ。やる気が出にくいときは、短い時間でもいいから、太陽の光を浴びるようにしてみよう。くもりや雨の日でも、太陽がある方向を見るだけでじゅうぶんな効果があるよ。それに、眠たいときに日光を見ると、目が覚めるし、さらに夜によく眠れるようにもなる。いろんな効果のある「究極の回復魔法」だ。
あと、運動はジョギングやサイクリングとか、ちょっと長い時間するのがおすすめだけど、そこまで元気が出ないときは、かるく散歩とかをするだけでもじゅうぶんだよ。

学校に行きたくない

今日もお休みするの？

> 学校に行きたくても、気持ちがついていかない。朝になるとおなかがいたくなってきて、もう3日も休んでしまっている。

行かないと……。

☞ **1** 「義務教育」なので無理して行く

あのね……。

☞ **2** 家族に相談してしばらく休んでみる

○△市立図書館

☞ **3** 無理に行かないで、べつの場所を探す

ぼくならこれをえらぶ！ ☞ **2** 家族に相談してしばらく休んでみる

☞ **3** 無理に行かないで、べつの場所を探す

はなす
☞ たよる
☞ ちしき
☞ にげる

体の不調はピンチのサインかも

　学校に行こうと思ったときに、「おなかがいたい」「頭がいたい」「気持ちが悪い」「なんだかチカラが入らない」といった体の不調があらわれているとき、きみの心はきみが思っているよりもピンチに追いこまれているのかもしれない。

心のダメージというのが、体にあらわれることがある、ということをぜひ知っておいてほしいんだ。これは大人になっても使える大事な「ちしき」だ。

頭が「学校に行かなきゃ」と思っていても、体が「行きたくない」「行くのはあぶない」と判断しているとしたら、体の判断のほうが正しいことが多い。

いったんは「今はピンチなのかもしれない」と判断して、立て直そう。

子どもによく多いのは、学校に行こうとするときに「チカラが入らない」「眠くなってしまう」という反応。これも、きみの体と心が「今は学校はキケンな場所だ」と判断して、強制的にスイッチをオフにして守ろうとしているのかもしれない。けっして気合いや根性の問題だけではないから、あまり自分を責めすぎないで。

いったん休んで、自分が今感じているキケ

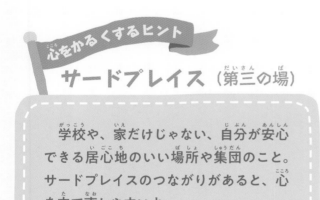

サードプレイス（第三の場）

学校や、家だけじゃない、自分が安心できる居心地のいい場所や集団のこと。サードプレイスのつながりがあると、心を立て直しやすいよ。

ンや心配なことについて、まわりの大人に相談してみよう。「学校に行けない」ことに関しては、とくに「たよる」ことが重要だ。

体が思いどおりにならなくて「行きたくても行けない」と感じているとしたら、保健室の先生やお医者さんに相談してみよう。もし「体はとくに問題ない」といわれたら、心の問題がかかわっているかもしれない。そのときはカウンセラーさんなど、心の専門家が力になってくれると思う。

そして、落ちついたら、この先のことを考えて、立て直していく方法についても考えていきたい。「学校に行きたくない」ことの理由を明らかにしてみよう。傷つくようなできごとがあって、心がつかれすぎてしまったことが原因だとしたら、きみがまた安心できるようになるまでケアされる必要がある。「学校に行かないこと」を選択することは、けっしてまちがってはいない。

でも、その選択によってきみの将来の可能性が失われないように、考えておかないといけない大切なことがある。それは「学ぶこと」と「つながること」だ。「学ぶこと」は、きみの生きるチカラをレベルアップさせるのに、とても大事な役割をもっている。そして、だれかと「つながること」はきみの心を安心

35

させ、いろいろな傷つきから回復するのにも役に立つし、他人とかかわるために必要な「はなす」「たよる」レベルをあげることにもつながる。そして、「学ぶこと」と「つながること」は、人間のしあわせにもかなり深くかかわっていると思うんだ。

だから、学校に行かないとしても、きみが「学ぶこと」と「つながること」のチャンスをなるべく失わないようにしてほしいんだ。たとえば、転校などで環境を変えてみることで「よかった」と思う子はいっぱいいるよ。フリースクールなど、不登校の子のサポートがいろいろ出てきているけど、残念ながら地域によってまだ体制がじゅうぶんじゃないところもある。一方で、学びになるような動画だったり、インターネットでのつながりや、塾や習いごと、地域でのいろんな集まりなど

が、きみの助けになるかもしれない。だれかとつながれたり、なにかを学べたりするような「居場所」を、探してみてほしい。

> たよる　レベルが　あがった　▼
> ちしき　レベルが　あがった　▼
> にげる　レベルが　あがった　▼

学校に行こうとすると眠くなってチカラが出ない
（不登校と起立性調節障害）

「学校に行けない」という人の中に、神経（脳と全身をつないで情報をやりとりするコード）の調子が悪くなる病気が原因ってことがあるのは知っている？

朝、なんだかだるくてふらついたり、気分が悪くなって、週に1回くらいは休んでしまったり。めまいがしたり、おなかがいたくなったり、頭がいたくなることもある。でも昼をすぎるとずいぶ

んらくになって、夕方にはふつうに遊べるようになったりする。なかなか寝つけなくて、ついつい夜ふかししてしまう。親には「生活のリズムが乱れている」「サボりじゃないか」とおこられたりする。

もしそういうことがあってこまっているなら、きみはもしかしたら「起立性調節障害」という病気かもしれない。じつは10人にひとりくらいいて、不登校とのかかわりも大きいといわれているんだけど、あまり知られていないために病院に行ってもわからないことも多いんだ。

もし心当たりがあるなら、親や先生と相談して、この病気にくわしいお医者さんのところに行ってみよう。

エピローグ

ここまでいろいろな学校でのクエストと
乗り越えるためのヒントを見てきたけど、
今もなおきみにとって、学校はつらい「ダンジョン（迷宮）」かもしれない。
休むこともできないで、ずっとキケンなところにいたら、
心がすりへってしまう。

だから、自分だけの「セーブポイント」を見つけてほしいんだ。

「セーブポイント」っていうのは、
ゲームの中で「セーブ」と「回復」ができる場所のこと。
そこでいったんゲームを休憩したり、やり直しができるんだ。
いつでもそこに戻ってこられるし、敵も出てこない、
安心と回復の場所。

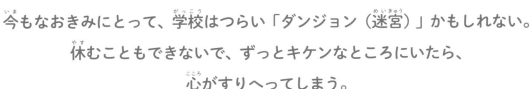

心がつらくなったとき、にげこんで、
ほっとできる場所を見つけよう。
こわい人がだれもいないところで、
落ちついてぼんやりできるところがいい。

トイレの個室でもいいし、
図書館でもいいし、
保健室でもいい。

できれば、ひとつじゃないほうがいい。
校舎の人がいないところ、階段の踊り場、
公民館、近くの公園、古本屋さん。
動物小屋でウサギをさわるのが
いちばんの「いやし」だったっていう子もいたよ。

きみがほっとできるんだったら、
場所はどこだっていい。
「セーブポイント」は、きみのクエストを
少しだけらくにしてくれる。

そこで休憩したり、気持ちを落ちつけたりしながら、
クエストを少しずつ続けていけたらいいんじゃないかな。

相談窓口

こまったときや心が苦しいとき、だれかに話を聞いてほしいときなど、相談にのってくれる窓口を紹介するよ。

24時間子供SOSダイヤル

0120-0-78310 （無料・24時間）

地域の教育委員会の相談機関につながっていて、いじめやこまったことなど、子どもの悩みをいつでもなんでも相談できるよ。

チャイルドライン

0120-99-7777 （無料・毎日 16:00〜21:00）
※年末年始はお休み

https://childline.or.jp

18歳までの子どものための相談窓口。名前や学校名などをいわなくても相談できて、どうしたらいいかいっしょに考えてくれる。チャット相談もあるよ。

Mex（ミークス）

10代のための相談窓口まとめサイト

https://me-x.jp/

家族や友だちの問題など、悩みを相談できるサイトだよ。

子どもの人権110番

0120-007-110 （無料・平日 8:30〜17:15）

いじめや虐待など、子どもがかかえる人権問題を解決するために相談を受けつけているよ。全国の法務局につながるよ。

いのちの電話

0570-783-556 （無料・10:00〜22:00）

0120-783-556 （毎日 16:00〜21:00、毎月10日は 8:00〜翌日 8:00）

名前や学校名などをいわなくても相談できて、どうしたらいいかいっしょに考えてくれるよ。

都道府県警察の少年相談窓口

https://www.npa.go.jp/bureau/safetylife/syonen/soudan.html

いじめや家族の問題、トラブルなどさまざまな子どもの悩みの解決を手助けするサイトだよ。

おすすめの本・サイト

自分を守るための知識をふやすヒントになるような本やサイトで、おすすめのものを紹介するね。

「いじめ」のことについてもっと知りたいとき
『いじめのある世界に生きる君たちへ ──いじめられっ子だった精神科医の贈る言葉』
中井久夫・著（中央公論新社）

きみになにが起こって、なにに苦しんでいるのかを、やさしくて深い言葉で教えてくれる。

「いじめ」のことについてもっと知りたいとき
子どものいじめから脱出するための情報発信サイト「ストップいじめ！ナビ：いますぐ役立つ脱出策」
（特定非営利活動法人 ストップいじめ！ナビ）

https://stopijime.jp

いじめから脱出する実践的な方法を教えてくれるサイト。

不登校についてもっと知りたいとき
『学校に行きたくない君へ』
全国不登校新聞社・編（ポプラ社）

不登校について、いろんな人のいろんな考えを知ることができる。

ストレスについてもっと知りたいとき
『イラスト版子どものストレスマネジメント 自分で自分を上手に助ける45の練習』
伊藤絵美・著（合同出版）

ストレスのことを「知識」として知り、うまくつき合う方法をいっぱい教えてくれる。

不安のことについてもっと知りたいとき
『心配ないよ、だいじょうぶ 子どもが不安を克服するためのガイド』
ポピー・オニール・著　渡辺滋人・訳（創元社）

不安な気持ちについての知識と対処法をやさしく教えてくれる。

生きることがつらいとき
『暗やみの中で一人枕をぬらす夜は ブッシュ孝子全詩集』
ブッシュ孝子・著　若松英輔・解説（新泉社）

どんなに苦しいときも、「言葉」の力が失われることはないんだということを教えてくれる。

さくいん

著者　鈴木裕介（すずき ゆうすけ）

2008年高知大学卒。内科医として高知県内の病院に勤務後、一般社団法人高知医療再生機構にて医療広報や若手医療職のメンタルヘルス支援などに従事。2015年よりハイズに参画、コンサルタントとして経営視点から医療現場の環境改善に従事。2018年「セーブポイント（安心の拠点）」をコンセプトとした秋葉原内科 save クリニックを高知時代の仲間と共に開業、院長に就任。また、研修医時代の近親者の自死をきっかけとし、ライフワークとしてメンタルヘルスに取り組み、産業医活動や講演、ＳＮＳでの情報発信を積極的に行っている。主な著書に『メンタル・クエスト　心のHPが０になりそうな自分をラクにする本』（大和出版）、『我慢して生きるほど人生は長くない』（アスコム）などがある。

自分を守るクエスト　①スクール編

2022 年 1 月 28 日　初版第 1 刷発行

著　者　鈴木裕介
発行者　西村保彦
発行所　鈴木出版株式会社
　　　　〒 101-0051
　　　　東京都千代田区神田神保町 2-3-1　岩波書店アネックスビル 5F
電　話　03-6272-8001　ファックス　03-6272-8016　振替　00110-0-34090　ホームページ　http://www.suzuki-syuppan.co.jp/
印　刷　株式会社ウイル・コーポレーション

協力　●　伊賀有咲　新川瑤子
　　　　　大久保佳奈　竹内絢香
装丁・本文デザイン　●　mogmog Inc.
イラスト　●　山中正大
校正　●　株式会社 夢の本棚社
編集　●　株式会社 童夢